SESSION NOTEBOOK

DETAILS

Name :

Phone :

Email :

Address :

NOTES

NAME	CONTRACT NO.	SESSION	NOTES	PAGE

CLIENT DETAILS

NAME	CONTRACT NO.	SESSION	NOTES	PAGE

CLIENT DETAILS

NAME	CONTRACT NO.	SESSION	NOTES	PAGE

CLIENT DETAILS

NAME	CONTRACT NO.	SESSION	NOTES	PAGE

NAME	CONTRACT NO.	SESSION	NOTES	PAGE

DATE: ___/___/___   START TIME: ___:___   SESSION NO: _______

CLIENT NAME: ____

OBJECTIVE: ____

SESSION TALKING POINTS	KEY POINTS FROM PREVIOUS SESSION

NOTES: ____

____

____

____

____

____

____

____

____

____

____

____

____

____

CONCERNS	RECOMMENDATIONS

DATE: ___/___/___   **START TIME:** ___:___   **SESSION NO:** ______

CLIENT NAME: ____

OBJECTIVE: ____

SESSION TALKING POINTS	KEY POINTS FROM PREVIOUS SESSION

NOTES: ____

NOTES: ____

____

____

____

____

____

CLIENT ACTIONS:

- ✔ _______________________________
- ✔ _______________________________
- ✔ _______________________________

- ✔ _______________________________
- ✔ _______________________________
- ✔ _______________________________

CONCERNS	RECOMMENDATIONS

COMMENTS:

____

____

NEXT SESSION TOPIC:

- ✔ _______________________________
- ✔ _______________________________
- ✔ _______________________________

- ✔ _______________________________
- ✔ _______________________________
- ✔ _______________________________

NEXT SESSION DATE: ____ / ____ / ____   **END TIME:** ____ : ____

DATE: ___ / ___ / ___   **START TIME:** ___ : ___   **SESSION NO:** _______

CLIENT NAME: ____

OBJECTIVE: ____

SESSION TALKING POINTS	KEY POINTS FROM PREVIOUS SESSION

NOTES: ____

CONCERNS	RECOMMENDATIONS

DATE: ___/___/___   **START TIME:** ___:___   **SESSION NO:** ________

CLIENT NAME: ____

OBJECTIVE: ____

SESSION TALKING POINTS	KEY POINTS FROM PREVIOUS SESSION

NOTES: ____

____

____

____

____

____

____

____

____

____

____

____

____

NOTES: ____

____

____

____

____

____

CLIENT ACTIONS:

✔ _______________________   ✔ _______________________

✔ _______________________   ✔ _______________________

✔ _______________________   ✔ _______________________

CONCERNS	RECOMMENDATIONS

COMMENTS:

____

____

NEXT SESSION TOPIC:

✔ _______________________   ✔ _______________________

✔ _______________________   ✔ _______________________

✔ _______________________   ✔ _______________________

NEXT SESSION DATE: ____/____/____   **END TIME:** ____:____

DATE: ___ / ___ / ___   **START TIME:** ___ : ___   **SESSION NO:** ________

CLIENT NAME: ____

OBJECTIVE: ____

SESSION TALKING POINTS	KEY POINTS FROM PREVIOUS SESSION

NOTES: ____

CONCERNS	RECOMMENDATIONS

DATE: ___/ ___/ ___   **START TIME:** ___ : ___   **SESSION NO:** ______

CLIENT NAME: ____

OBJECTIVE: ____

SESSION TALKING POINTS	KEY POINTS FROM PREVIOUS SESSION

NOTES: ____

CONCERNS	RECOMMENDATIONS

DATE: ___ / ___ / ___   **START TIME:** ___ : ___   **SESSION NO:** _______

CLIENT NAME: ____

OBJECTIVE: ____

SESSION TALKING POINTS	KEY POINTS FROM PREVIOUS SESSION

NOTES: ____

CONCERNS	RECOMMENDATIONS

DATE: ___ / ___ / ___   **START TIME:** ___ : ___   **SESSION NO:** _______

CLIENT NAME: ____

OBJECTIVE: ____

SESSION TALKING POINTS	KEY POINTS FROM PREVIOUS SESSION

NOTES: ____

CONCERNS	RECOMMENDATIONS

DATE: ___ / ___ / ___   **START TIME:** ___ : ___   **SESSION NO:** ______

CLIENT NAME: ____

OBJECTIVE: ____

SESSION TALKING POINTS	KEY POINTS FROM PREVIOUS SESSION

NOTES: ____

NOTES:

____

____

____

____

____

CLIENT ACTIONS:

✔ _______________________________   ✔ _______________________________

✔ _______________________________   ✔ _______________________________

✔ _______________________________   ✔ _______________________________

CONCERNS	RECOMMENDATIONS

COMMENTS:

____

____

NEXT SESSION TOPIC:

✔ _______________________________   ✔ _______________________________

✔ _______________________________   ✔ _______________________________

✔ _______________________________   ✔ _______________________________

NEXT SESSION DATE: ____/____/____   **END TIME:** ____:____

DATE: ___ / ___ / ___   **START TIME:** ___ : ___   **SESSION NO:** ______

CLIENT NAME: ____

OBJECTIVE: ____

SESSION TALKING POINTS	KEY POINTS FROM PREVIOUS SESSION

NOTES: ____

____

____

____

____

____

____

____

____

____

____

____

____

____

CONCERNS	RECOMMENDATIONS

DATE: ___ / ___ / ___   START TIME: ___ : ___   SESSION NO: ________

CLIENT NAME: ____

OBJECTIVE: ____

SESSION TALKING POINTS	KEY POINTS FROM PREVIOUS SESSION

NOTES: ____

____

____

____

____

____

____

____

____

____

____

____

____

____

____

CONCERNS	RECOMMENDATIONS

DATE: ___ / ___ / ___   **START TIME:** ___ : ___   **SESSION NO:** _______

CLIENT NAME: ____

OBJECTIVE: ____

SESSION TALKING POINTS	KEY POINTS FROM PREVIOUS SESSION

NOTES: ____

CONCERNS	RECOMMENDATIONS

DATE: ___ / ___ / ___   **START TIME:** ___ : ___   **SESSION NO:** _______

CLIENT NAME: ____

OBJECTIVE: _______________________________________

SESSION TALKING POINTS	KEY POINTS FROM PREVIOUS SESSION

NOTES: ____

____
____
____
____
____
____

CLIENT ACTIONS:

- ✔ ______________________________
- ✔ ______________________________
- ✔ ______________________________
- ✔ ______________________________
- ✔ ______________________________
- ✔ ______________________________

CONCERNS	RECOMMENDATIONS

COMMENTS:

____
____

NEXT SESSION TOPIC:

- ✔ ______________________________
- ✔ ______________________________
- ✔ ______________________________
- ✔ ______________________________
- ✔ ______________________________
- ✔ ______________________________

NEXT SESSION DATE: ____/____/____   **END TIME:** ____:____

DATE: ___/___/___   **START TIME:** ___:___   **SESSION NO:** _______

CLIENT NAME: ____

OBJECTIVE: ____

SESSION TALKING POINTS	KEY POINTS FROM PREVIOUS SESSION

NOTES: ____
____
____
____
____
____
____
____
____
____
____
____
____

CONCERNS	RECOMMENDATIONS

SESSION TALKING POINTS	KEY POINTS FROM PREVIOUS SESSION

NOTES:

____

____

____

____

____

____

CLIENT ACTIONS:

✔ ____________________________   ✔ ____________________________

✔ ____________________________   ✔ ____________________________

✔ ____________________________   ✔ ____________________________

CONCERNS	RECOMMENDATIONS

COMMENTS:

____

____

NEXT SESSION TOPIC:

✔ ____________________________   ✔ ____________________________

✔ ____________________________   ✔ ____________________________

✔ ____________________________   ✔ ____________________________

NEXT SESSION DATE: ____/____/____   **END TIME:** ____:____

DATE: ___ / ___ / ___   **START TIME:** ___ : ___   **SESSION NO:** ________

CLIENT NAME: ____

OBJECTIVE: ____

SESSION TALKING POINTS	KEY POINTS FROM PREVIOUS SESSION

NOTES: ____

____

____

____

____

____

____

____

____

____

____

____

____

CONCERNS	RECOMMENDATIONS

DATE: ___/___/___　　　**START TIME:** ___:___　　　**SESSION NO:** ________

CLIENT NAME: ________________________________

OBJECTIVE: ________________________________

SESSION TALKING POINTS	KEY POINTS FROM PREVIOUS SESSION

NOTES: ________________________________

NOTES:

CLIENT ACTIONS:

- ✔ _____________________
- ✔ _____________________
- ✔ _____________________

- ✔ _____________________
- ✔ _____________________
- ✔ _____________________

CONCERNS	RECOMMENDATIONS

COMMENTS:

NEXT SESSION TOPIC:

- ✔ _____________________
- ✔ _____________________
- ✔ _____________________

- ✔ _____________________
- ✔ _____________________
- ✔ _____________________

NEXT SESSION DATE: _____ / _____ / _____   **END TIME:** _____ : _____

DATE: ___ / ___ / ___   **START TIME:** ___ : ___   **SESSION NO:** ___________

CLIENT NAME: ____

OBJECTIVE: ____

SESSION TALKING POINTS	KEY POINTS FROM PREVIOUS SESSION

NOTES: ____

____

____

____

____

____

____

____

____

____

____

____

____

NOTES: ____

____

____

____

____

____

CLIENT ACTIONS:

✔ _______________________   ✔ _______________________

✔ _______________________   ✔ _______________________

✔ _______________________   ✔ _______________________

CONCERNS	RECOMMENDATIONS

COMMENTS:

____

____

NEXT SESSION TOPIC:

✔ _______________________   ✔ _______________________

✔ _______________________   ✔ _______________________

✔ _______________________   ✔ _______________________

NEXT SESSION DATE: ____/____/____   **END TIME:** ____:____

DATE: ___ / ___ / ___   **START TIME:** ___ : ___   **SESSION NO:** _______

CLIENT NAME: ____

OBJECTIVE: ____

SESSION TALKING POINTS	KEY POINTS FROM PREVIOUS SESSION

NOTES: ____

CONCERNS	RECOMMENDATIONS

NEXT SESSION DATE: _____ / _____ / _____

END TIME: _____ : _____

DATE: ___/___/___   **START TIME:** ___:___   **SESSION NO:** _______

CLIENT NAME: ____

OBJECTIVE: ____

SESSION TALKING POINTS	KEY POINTS FROM PREVIOUS SESSION

NOTES: ____

____

____

____

____

____

____

____

____

____

____

____

____

____

CONCERNS	RECOMMENDATIONS

DATE: ___ / ___ / ___   **START TIME:** ___ : ___   **SESSION NO:** ________

CLIENT NAME: ____

OBJECTIVE: ____

SESSION TALKING POINTS	KEY POINTS FROM PREVIOUS SESSION

NOTES: ____

CONCERNS	RECOMMENDATIONS

DATE: ___ / ___ / ___   **START TIME:** ___ : ___   **SESSION NO:** ______

CLIENT NAME: ______________________________________

OBJECTIVE: ______________________________________

SESSION TALKING POINTS	KEY POINTS FROM PREVIOUS SESSION

NOTES: ______________________________________

CLIENT ACTIONS:

- ✔ ___________________________
- ✔ ___________________________
- ✔ ___________________________
- ✔ ___________________________
- ✔ ___________________________
- ✔ ___________________________

CONCERNS	RECOMMENDATIONS

COMMENTS:

NEXT SESSION TOPIC:

- ✔ ___________________________
- ✔ ___________________________
- ✔ ___________________________
- ✔ ___________________________
- ✔ ___________________________
- ✔ ___________________________

NEXT SESSION DATE: ____/____/____

END TIME: ____:____

DATE: ___ / ___ / ___   START TIME: ___ : ___   SESSION NO: ______

CLIENT NAME: ____

OBJECTIVE: ____

SESSION TALKING POINTS	KEY POINTS FROM PREVIOUS SESSION

NOTES: ____
____
____
____
____
____
____
____
____
____
____
____
____
____

SESSION TALKING POINTS	KEY POINTS FROM PREVIOUS SESSION

NOTES: ____

NOTES: ____

____

____

____

____

____

CLIENT ACTIONS:

- ✔ _______________________________
- ✔ _______________________________
- ✔ _______________________________

- ✔ _______________________________
- ✔ _______________________________
- ✔ _______________________________

CONCERNS	RECOMMENDATIONS

COMMENTS:

____

____

NEXT SESSION TOPIC:

- ✔ _______________________________
- ✔ _______________________________
- ✔ _______________________________

- ✔ _______________________________
- ✔ _______________________________
- ✔ _______________________________

NEXT SESSION DATE: ____ / ____ / ____   **END TIME:** ____ : ____

DATE: ___/___/___   **START TIME:** ___:___   **SESSION NO:** _______

CLIENT NAME: ____

OBJECTIVE: ____

SESSION TALKING POINTS	KEY POINTS FROM PREVIOUS SESSION

NOTES: ____

____

____

____

____

____

____

____

____

____

____

____

CONCERNS	RECOMMENDATIONS

NEXT SESSION DATE: ___ / ___ / ___   **END TIME:** ___ : ___

DATE: ___/___/___   **START TIME:** ___:___   **SESSION NO:** ________

CLIENT NAME: ____

OBJECTIVE: ____

SESSION TALKING POINTS	KEY POINTS FROM PREVIOUS SESSION

NOTES: ____

CONCERNS	RECOMMENDATIONS	

NEXT SESSION DATE: ___/___/___   **END TIME:** ___:___

DATE: ___ / ___ / ___   **START TIME:** ___ : ___   **SESSION NO:** _______

CLIENT NAME: ____

OBJECTIVE: ____

SESSION TALKING POINTS	KEY POINTS FROM PREVIOUS SESSION

NOTES: ____

____

____

____

____

____

____

____

____

____

____

____

____

____

____

CONCERNS	RECOMMENDATIONS

DATE: ___/___/___   **START TIME:** ___:___   **SESSION NO:** ___________

CLIENT NAME: ____

OBJECTIVE: ____

SESSION TALKING POINTS	KEY POINTS FROM PREVIOUS SESSION

NOTES: ____

____

____

____

____

____

CLIENT ACTIONS:

✔ _________________________   ✔ _________________________

✔ _________________________   ✔ _________________________

✔ _________________________   ✔ _________________________

CONCERNS	RECOMMENDATIONS

COMMENTS:

____

____

NEXT SESSION TOPIC:

✔ _________________________   ✔ _________________________

✔ _________________________   ✔ _________________________

✔ _________________________   ✔ _________________________

NEXT SESSION DATE: ____ / ____ / ____   **END TIME:** ____ : ____

DATE: ___/___/___   **START TIME:** ___:___   **SESSION NO:** ________

CLIENT NAME: ____

OBJECTIVE: ____

SESSION TALKING POINTS	KEY POINTS FROM PREVIOUS SESSION

NOTES: ____

____

____

____

____

____

____

____

____

____

____

____

____

____

____

CONCERNS	RECOMMENDATIONS

 ___/___/___   ___:___

SESSION TALKING POINTS	KEY POINTS FROM PREVIOUS SESSION

NOTES: ____

____

____

____

____

____

____

CLIENT ACTIONS:

✔ ______________________ ✔ ______________________

✔ ______________________ ✔ ______________________

✔ ______________________ ✔ ______________________

CONCERNS	RECOMMENDATIONS

COMMENTS:

____

____

NEXT SESSION TOPIC:

✔ ______________________ ✔ ______________________

✔ ______________________ ✔ ______________________

✔ ______________________ ✔ ______________________

NEXT SESSION DATE: ____ / ____ / ____   **END TIME:** ____ : ____

DATE: ___ / ___ / ___   **START TIME:** ___ : ___   **SESSION NO:** ________

CLIENT NAME: ____

OBJECTIVE: ____

SESSION TALKING POINTS	KEY POINTS FROM PREVIOUS SESSION

NOTES: ____

____

____

____

____

____

____

____

____

____

____

____

____

____

NOTES: ____

____

____

____

____

____

CLIENT ACTIONS:

✔ _______________________   ✔ _______________________

✔ _______________________   ✔ _______________________

✔ _______________________   ✔ _______________________

CONCERNS	RECOMMENDATIONS

COMMENTS:

____

____

NEXT SESSION TOPIC:

✔ _______________________   ✔ _______________________

✔ _______________________   ✔ _______________________

✔ _______________________   ✔ _______________________

NEXT SESSION DATE: ____/____/____   **END TIME:** ____:____

DATE: ___ / ___ / ___   **START TIME:** ___ : ___   **SESSION NO:** ________

CLIENT NAME: ____

OBJECTIVE: ____

SESSION TALKING POINTS	KEY POINTS FROM PREVIOUS SESSION

NOTES: ____

____

____

____

____

____

____

____

____

____

____

____

____

____

CONCERNS	RECOMMENDATIONS

DATE: ___/___/___   **START TIME:** ___:___   **SESSION NO:** ______

CLIENT NAME: ____

OBJECTIVE: ____

SESSION TALKING POINTS	KEY POINTS FROM PREVIOUS SESSION

NOTES: ____

CONCERNS	RECOMMENDATIONS

NEXT SESSION DATE: ____ / ____ / ____   **END TIME:** ____ : ____

DATE: ___ / ___ / ___   **START TIME:** ___ : ___   **SESSION NO:** _______

CLIENT NAME: ____

OBJECTIVE: ____

SESSION TALKING POINTS	KEY POINTS FROM PREVIOUS SESSION

NOTES: ____
____
____
____
____
____
____
____
____
____
____
____
____
____
____

CONCERNS	RECOMMENDATIONS

NEXT SESSION DATE: ___ / ___ / ___   **END TIME:** ___ : ___

DATE: ___/___/___   **START TIME:** ___:___   **SESSION NO:** ______

CLIENT NAME: ____

OBJECTIVE: ____

SESSION TALKING POINTS	KEY POINTS FROM PREVIOUS SESSION

NOTES: ____

SESSION TALKING POINTS	KEY POINTS FROM PREVIOUS SESSION

NOTES: ____

✔ ______________________________   ✔ ______________________________

✔ ______________________________   ✔ ______________________________

✔ ______________________________   ✔ ______________________________

CONCERNS	RECOMMENDATIONS

✔ ______________________________   ✔ ______________________________

✔ ______________________________   ✔ ______________________________

✔ ______________________________   ✔ ______________________________

NEXT SESSION DATE: ____/____/____   **END TIME:** ____:____

DATE: ___/___/___   **START TIME:** ___:___   **SESSION NO:** _______

CLIENT NAME: ____

OBJECTIVE: ____

SESSION TALKING POINTS	KEY POINTS FROM PREVIOUS SESSION

NOTES: ____

✔ ______________________   ✔ ______________________

✔ ______________________   ✔ ______________________

✔ ______________________   ✔ ______________________

CONCERNS	RECOMMENDATIONS

✔ ______________________   ✔ ______________________

✔ ______________________   ✔ ______________________

✔ ______________________   ✔ ______________________

NEXT SESSION DATE: ____ / ____ / ____   **END TIME:** ____ : ____

DATE: ___/___/___   **START TIME:** ___:___   **SESSION NO:** _______

CLIENT NAME: ____________________________________

OBJECTIVE: ____________________________________

SESSION TALKING POINTS	KEY POINTS FROM PREVIOUS SESSION

NOTES: ____________________________________

CONCERNS	RECOMMENDATIONS

 ___/___/___   ___:___

DATE: ___/___/___   **START TIME:** ___:___   **SESSION NO:** _______

CLIENT NAME: ____

OBJECTIVE: ____

SESSION TALKING POINTS	KEY POINTS FROM PREVIOUS SESSION

NOTES: ____

____

____

____

____

____

____

____

____

____

____

____

____

____

CLIENT ACTIONS:

✔ __________________________   ✔ __________________________

✔ __________________________   ✔ __________________________

✔ __________________________   ✔ __________________________

CONCERNS	RECOMMENDATIONS

COMMENTS:

NEXT SESSION TOPIC:

✔ __________________________   ✔ __________________________

✔ __________________________   ✔ __________________________

✔ __________________________   ✔ __________________________

NEXT SESSION DATE: ____ / ____ / ____   **END TIME:** ____ : ____

DATE: ___ / ___ / ___   **START TIME:** ___ : ___   **SESSION NO:** _______

CLIENT NAME: ____

OBJECTIVE: ____

SESSION TALKING POINTS	KEY POINTS FROM PREVIOUS SESSION

NOTES: ____

CONCERNS	RECOMMENDATIONS

DATE: ___ / ___ / ___   START TIME: ___ : ___   SESSION NO: _______

CLIENT NAME: ____

OBJECTIVE: ____

SESSION TALKING POINTS	KEY POINTS FROM PREVIOUS SESSION

NOTES: ____

NOTES:

CLIENT ACTIONS:

✔ _______________________________   ✔ _______________________________

✔ _______________________________   ✔ _______________________________

✔ _______________________________   ✔ _______________________________

CONCERNS	RECOMMENDATIONS

COMMENTS:

NEXT SESSION TOPIC:

✔ _______________________________   ✔ _______________________________

✔ _______________________________   ✔ _______________________________

✔ _______________________________   ✔ _______________________________

NEXT SESSION DATE: ____ / ____ / ____   **END TIME:** ____ : ____

DATE: ___/___/___   **START TIME:** ___:___   **SESSION NO:** ______

CLIENT NAME: ____

OBJECTIVE: ____

SESSION TALKING POINTS	KEY POINTS FROM PREVIOUS SESSION

NOTES: ____

____

____

____

____

____

____

____

____

____

____

____

____

CONCERNS	RECOMMENDATIONS

DATE: ___/___/___   **START TIME:** ___:___   **SESSION NO:** _______

CLIENT NAME: ____

OBJECTIVE: ____

SESSION TALKING POINTS	KEY POINTS FROM PREVIOUS SESSION

NOTES: ____

NOTES: ____

____

____

____

____

____

CLIENT ACTIONS:

✔ _________________________________   ✔ _________________________________

✔ _________________________________   ✔ _________________________________

✔ _________________________________   ✔ _________________________________

CONCERNS	RECOMMENDATIONS

COMMENTS:

____

____

NEXT SESSION TOPIC:

✔ _________________________________   ✔ _________________________________

✔ _________________________________   ✔ _________________________________

✔ _________________________________   ✔ _________________________________

NEXT SESSION DATE: ____/____/____   **END TIME:** ____:____

DATE: ___ / ___ / ___   **START TIME:** ___ : ___   **SESSION NO:** _______

CLIENT NAME: ____

OBJECTIVE: ____

SESSION TALKING POINTS	KEY POINTS FROM PREVIOUS SESSION

NOTES: ____

✔ ______________________________   ✔ ______________________________

✔ ______________________________   ✔ ______________________________

✔ ______________________________   ✔ ______________________________

CONCERNS	RECOMMENDATIONS

✔ ______________________________   ✔ ______________________________

✔ ______________________________   ✔ ______________________________

✔ ______________________________   ✔ ______________________________

NEXT SESSION DATE: ____ / ____ / ____   **END TIME:** ____ : ____

DATE: ___ / ___ / ___   **START TIME:** ___ : ___   **SESSION NO:** ________

CLIENT NAME: ____

OBJECTIVE: ____

SESSION TALKING POINTS	KEY POINTS FROM PREVIOUS SESSION

NOTES: ____

____

____

____

____

____

____

____

____

____

____

____

____

____

CONCERNS	RECOMMENDATIONS

DATE: ___/___/___   **START TIME:** ___:___   **SESSION NO:** ________

CLIENT NAME: ____________________________________

OBJECTIVE: ____________________________________

SESSION TALKING POINTS	KEY POINTS FROM PREVIOUS SESSION

NOTES: ____________________________________

____

____

____

____

____

____

____

____

____

____

____

____

____

CONCERNS	RECOMMENDATIONS

DATE: ___ / ___ / ___   **START TIME:** ___ : ___   **SESSION NO:** ______

CLIENT NAME: ____

OBJECTIVE: ____

SESSION TALKING POINTS	KEY POINTS FROM PREVIOUS SESSION

NOTES: ____

NOTES: ____

____

____

____

____

____

CLIENT ACTIONS:

- ✔ _______________________________
- ✔ _______________________________
- ✔ _______________________________

- ✔ _______________________________
- ✔ _______________________________
- ✔ _______________________________

CONCERNS	RECOMMENDATIONS

COMMENTS:

____

____

NEXT SESSION TOPIC:

- ✔ _______________________________
- ✔ _______________________________
- ✔ _______________________________

- ✔ _______________________________
- ✔ _______________________________
- ✔ _______________________________

NEXT SESSION DATE: ____/____/____   **END TIME:** ____:____

DATE: ___ / ___ / ___   **START TIME:** ___ : ___   **SESSION NO:** _______

CLIENT NAME: ____

OBJECTIVE: ____

SESSION TALKING POINTS	KEY POINTS FROM PREVIOUS SESSION

NOTES: ____

CONCERNS	RECOMMENDATIONS

DATE: ___ / ___ / ___   **START TIME:** ___ : ___   **SESSION NO:** ________

CLIENT NAME: ____

OBJECTIVE: ____

SESSION TALKING POINTS	KEY POINTS FROM PREVIOUS SESSION

NOTES: ____

CONCERNS	RECOMMENDATIONS

SESSION TALKING POINTS	KEY POINTS FROM PREVIOUS SESSION

CONCERNS	RECOMMENDATIONS

DATE: ___/___/___   **START TIME:** ___:___   **SESSION NO:** ________

CLIENT NAME: ____

OBJECTIVE: ____

SESSION TALKING POINTS	KEY POINTS FROM PREVIOUS SESSION

NOTES: ____

____

____

____

____

____

✔ _____________________________   ✔ _____________________________

✔ _____________________________   ✔ _____________________________

✔ _____________________________   ✔ _____________________________

CONCERNS	RECOMMENDATIONS

____

____

✔ _____________________________   ✔ _____________________________

✔ _____________________________   ✔ _____________________________

✔ _____________________________   ✔ _____________________________

 ____/____/____   ____:____

SESSION TALKING POINTS	KEY POINTS FROM PREVIOUS SESSION

CONCERNS	RECOMMENDATIONS

NEXT SESSION DATE: ____ / ____ / ____   **END TIME:** ____ : ____

DATE: ___ / ___ / ___   **START TIME:** ___ : ___   **SESSION NO:** _______

CLIENT NAME: ____

OBJECTIVE: ____

SESSION TALKING POINTS	KEY POINTS FROM PREVIOUS SESSION

NOTES: ____

____

____

____

____

____

____

____

____

____

____

____

____

CONCERNS	RECOMMENDATIONS

DATE: ___/___/___   **START TIME:** ___:___   **SESSION NO:** ______

CLIENT NAME: ____

OBJECTIVE: ____

SESSION TALKING POINTS	KEY POINTS FROM PREVIOUS SESSION

NOTES: ____

CONCERNS	RECOMMENDATIONS

DATE: ___ / ___ / ___   **START TIME:** ___ : ___   **SESSION NO:** ______

CLIENT NAME: ______

OBJECTIVE: ______

SESSION TALKING POINTS	KEY POINTS FROM PREVIOUS SESSION

NOTES: ______

NOTES:

____

____

____

____

____

____

CLIENT ACTIONS:

✔ _________________________   ✔ _________________________

✔ _________________________   ✔ _________________________

✔ _________________________   ✔ _________________________

CONCERNS	RECOMMENDATIONS

COMMENTS:

____

____

NEXT SESSION TOPIC:

✔ _________________________   ✔ _________________________

✔ _________________________   ✔ _________________________

✔ _________________________   ✔ _________________________

NEXT SESSION DATE: ____/____/____   **END TIME:** ____:____

DATE: ___ / ___ / ___   **START TIME:** ___ : ___   **SESSION NO:** ________

CLIENT NAME: ____

OBJECTIVE: ____

SESSION TALKING POINTS	KEY POINTS FROM PREVIOUS SESSION

NOTES: ____

____

____

____

____

____

____

____

____

____

____

____

____

CONCERNS	RECOMMENDATIONS